AF224460

HISTOIRE DE NAPOLÉON,

Par M. MARTIN (de Gray).

HISTOIRE
DE NAPOLÉON,

Par M. MARTIN (de Gray),

Ancien membre du Corps législatif et de la Chambre des députés (1).

Bien que les journaux de notre province aient payé leur tribut d'éloges à cet ouvrage, bien que le public en apprécie mieux chaque jour la belle ordonnance (dignement et habilement signalée dans cette feuille), il sera longtemps opportun d'insister sur les rares mérites de l'écrivain, qui honore non-seulement la capitale de la Franche-Comté, berceau de son enfance, et Gray, berceau de sa réputation politique, mais la littérature de notre époque.

MM. Weiss, Pérennès, Tripard, le Blois, Sauzay, Laumier, et le *Moniteur*, ont fait ressortir l'heureux choix des documents, la sagacité des aperçus, le charme entraînant du style de l'*Histoire de Napoléon*. Sa valeur morale ne pouvait non plus leur échapper. C'est celle-là qu'à mon tour, je prends pour thème et pour thème unique.

Avant tout, quel motif a présidé au choix de cette œuvre et à son exécution ? L'auteur s'est demandé quelle était la tâche la plus digne de ses veilles, c'est-à-dire la plus utile à ses contemporains, et aussitôt que sa conscience lui eut répondu, il s'est efforcé de remplir les trois conditions sans lesquelles on n'a point le respect du lecteur, sans lesquelles on n'a de l'historien que le nom : un long et opiniâtre labeur, — une complète impartialité, — des enseignements propres à moraliser le cœur. Envisageons, à ces trois points de vue, l'ouvrage de notre éminent compatriote.

(1) Trois vol. in-8º. — Paris, Amyot ; Besançon, Mme veuve Deis, libraires.

1855

Et d'abord , l'histoire n'était-elle pas , de tous les sujets , celui que lui interdisait le plus rigoureusement sa cruelle cécité? Que cet ami passionné des lettres les dotât de ses souvenirs de voyage, des hautes pensées qui forment l'aliment quotidien de sa vie, des conseils de sa triple expérience d'administrateur, d'homme politique et d'écrivain, cette tâche, déjà pénible, lui donnait droit à notre gratitude et à notre intérêt. La chaleur de son talent, sa vive et féconde imagination, et l'engouement actuel pour les mémoires des personnages qui sont les vivantes chroniques d'une époque si agitée, assuraient un rapide redoublement de popularité au nom de Martin (de Gray). C'est une satisfaction de ce genre que me semble s'être proposée le charmant conteur des anecdotes dont fourmille le livre intitulé *Souvenirs contemporains d'histoire et de littérature.*

Mais, chez les natures d'élite, les grandes épreuves surexcitent les grands courages et leur font concevoir des entreprises inaccessibles au vulgaire. Celle qu'a embrassée le baron Martin défiait tellement ses forces, que, le lendemain de l'exécution, elle frappa de surprise aussi bien le public et ses amis que sa famille et, pour ainsi dire, lui-même.

Je doute que mes devanciers aient fait suffisamment remarquer tous les obstacles dont l'auteur trouva cette œuvre hérissée. Il lui a fallu, sans le secours de ses yeux, soumettre au triage et à l'analyse un amas effroyable de matériaux concernant la vie de l'homme sur lequel on a le plus écrit ; — s'évertuer à les grouper sous le jour le plus favorable à la solide instruction et au charme du lecteur ; — recomposer par la logique et l'enchaînement des idées la logique même et l'enchaînement des faits ; — consacrer à chacun de ses chapitres plus de temps qu'il n'en faut à M. Dumas pour écrire trente volumes de romans ; — pendant vingt ans, se faire de chaque jour une rude journée par la longueur des recherches et des veilles ; — n'interrompre son travail que pour se livrer, sur les Annales de Salluste, à cette étude ardue dont on a dit : « Traduire, c'est se dévouer, » afin de ravir à ce parfait modèle les secrets de sa manière, au profit d'un style limé, poli avec la patience que les anciens peintres hollandais mettaient à finir leurs tableaux. Puis, quand ses amis réclamèrent le grand jour de la publication, il a voulu laisser reposer son œuvre, la contempler froidement, soumettre à ses propres objections sa méthode et ses idées, et appeler sur elles la discussion du stratégiste et de l'homme d'Etat, du prêtre et de l'académicien. Fort de ces expérimentations successives, il s'est remis à élaborer de nouveau son œuvre dans un profond recueillement, sachant attendre ce point de maturité auquel se reconnaissent les maîtres dans le premier et le plus difficile des arts. Tout ceci n'est qu'un aperçu très imparfait des labeurs que sa conscience, plus encore que ses infirmités, imposèrent au baron Martin. Et lorsqu'on songe que, dédaignant un repos convoité de tant de médiocrités superbes, l'infatigable octogénaire s'exerce encore aujourd'hui à de minutieuses corrections et prépare une nouvelle édition de ses trois volumes, il est impossible de ne pas admirer une carrière littéraire parcourue avec un héroïsme si persévérant.

Un autre devoir incombait à l'auteur, celui d'une complète impartialité. Celui-là, ne le remplit pas qui veut. Son accomplissement suppose une diversité de dons qui manque souvent aux âmes les mieux prédisposées à la droiture. Ici, du moins, Martin (de Gray) fut secondé à merveille, d'abord, par la rectitude du sens moral, jointe chez lui à la rectitude de l'esprit, deux facultés qui se sauvegardent l'une l'autre, mais aussi par une intelligence dont la pénétration s'est fortifiée et dont l'horizon s'est agrandi de tout ce qu'avaient perdu ses yeux, par l'indépendance de sa position sociale, par l'isolement dans lequel ses principes, son âge et ses goûts le retenaient loin des partis et du pouvoir, enfin, par le calme de son austère solitude. Il s'est trouvé ainsi placé à égale distance du dénigrement et de l'enthousiasme irréfléchi, et sa plume ignora toujours le ton de la diatribe et celui du panégyrique. En relisant ces derniers mots, je trouve qu'ils ressemblent à ceux de maintes phrases dont les faiseurs de comptes-rendus d'ouvrages historiques ont l'habitude de coudre leurs articles. Néanmoins, je n'ai pas une syllabe à retrancher dans ce que je viens d'écrire. Ce n'est pas ma faute si l'auteur a mis constamment en pratique la belle devise de Cicéron qui figure au frontispice de son ouvrage, et d'ailleurs il suffit de l'ouvrir pour que je sois absous du reproche de banalité.

Aux conditions que je viens de signaler, il fallait en joindre une autre : « Il est nécessaire, dit Lucien, que l'historien ait mis la main aux choses humaines, qu'il en ait vu les ressorts cachés. » Or, on sent que Martin (de Gray) a, de l'époque qu'il retrace, un degré de connaissance que les livres seuls ne pouvaient lui fournir. On sent qu'il a observé lui-même, dans les différentes phases de sa destinée, le grand homme dont il grave le portrait, et vu en même temps défiler le cortége des illustrations secondaires que sa supériorité tenait comme en laisse derrière lui ; on sent qu'il a mesuré l'étendue des ruines sur lesquelles s'est élevé l'établissement impérial, et qu'il a concouru lui-même à quelques-unes des lois et des utiles créations de ce régime ; on reconnaît même, souvent, l'ampleur et la solennité du tribun. Surtout, on ne peut s'y méprendre, il a vu de près les *ressorts cachés* que Lucien souhaite à l'historien d'étudier ; il a vu également de près la vanité de tant de projets ruinés par l'exagération même de leur auteur ; il a entendu crouler toute cette grandeur dont il avait prédit la fragilité.

Il y a aussi un ordre d'événements qui s'est emparé, avec une force particulière de son souvenir, et dont l'émotion a fait vibrer son patriotisme et son style, je veux dire nos guerres et nos victoires. Je ne sais si je dois convenir qu'il m'est arrivé, parfois, dans mes lectures de l'histoire que j'examine, de regretter l'éclat de pinceau avec lequel sont reproduits, la verve vraiment épique avec laquelle sont célébrés ces combats de l'ère impériale, qui n'avaient pas les nobles mobiles de la guerre actuelle : la défense des opprimés, le besoin d'équilibre entre les puissances, l'honneur des pays occidentaux à soutenir. Dirai-je encore que je regrette cette sorte de complaisance avec laquelle l'auteur dépeint, et ces triomphes qui menaient droit à l'expiation, et cette France chargée de tant de dépouilles, dont les vastes frontières devinrent tout à coup plus étroites que le conquérant ne les avait trouvées. Mais, ce regret, que j'exprime à peine, ameuterait une foule imposante de contradicteurs charmés de se laisser éblouir, même rétrospectivement, par les rayons de la gloire militaire. Et d'ailleurs, dans l'*Histoire* de M. Martin, à mesure que la fumée des cinquante mémorables batailles se dissipe, voyez comme la raison, reprenant tous ses droits, plane avec sérénité et nous invite à revenir au bon sens, qui finit toujours, comme dit Bossuet, par se rendre maître de la vie et des affaires humaines ! Puisque je cite Bossuet, ne retrouvez-vous pas un des traits de sa main dans cette simple réflexion terminant le récit de l'expédition de Saint-Domingue : « Presque toute la population blanche périt, et de son gigantesque armement, il ne revint à Bonaparte que le registre mortuaire de l'armée et le cercueil

de son beau-frère ! » Il rapproche, et toujours à propos, ce qui
était factice de ce qui est normal, une politique précaire des principes éternels de justice, et nous fait ainsi comprendre, pour em-
ployer l'expression de M. Pérennès, « que l'empire fut une crise
continuelle. » Ses rigoureuses conclusions excluent ce fiel plus ou
moins dissimulé dont la critique d'écrivains célèbres n'est pas
exempte. Il n'a de faiblesse pour aucun préjugé, mais n'en heurte
aucun à plaisir ; il combat les erreurs, tout en les excusant. Quand
il parle du principe d'autorité, c'est plus dignement que ne sauraient
faire les adulateurs exercés au langage des cours ; quand il fait la
part de la liberté, il en fait mieux apprécier les avantages réels que
les doctrinaires de l'ancien parti libéral. A cette hauteur, c'était
pour lui une véritable jouissance de pouvoir dire, vers la fin de
son livre, que son héros avait été plus grand sur le rocher de Sainte-
Hélène que sur le trône impérial. J'aime ce noble hommage, et
d'un goût excellent, rendu au grand homme malheureux par l'historien qui a eu mainte occasion d'une juste sévérité.

Plus on est convaincu de la préoccupation d'impartialité de
M. Martin, moins on trouve outrée la rigueur de certaines appré-
ciations de détail, dont, à la première lecture, on a pu être offensé.
Cette conviction produit sur notre blessure l'effet d'un baume, et ce
qui nous avait paru, en premier lieu, entaché d'exagération, nous
semble peu à peu équitable. Ainsi, je conçois fort bien que MM. Pérennès, Tripard et Sauzay aient trouvé trop dures quelques réflexions,
le premier sur le gouvernement de Napoléon, le second sur celui
des Bourbons, le troisième sur la diplomatie de la cour de Rome en
1796. Cette susceptibilité est, à coup sûr, de leur part honorable et
généreuse ; je l'ai, de prime abord, partagée moi-même. Mais, il m'a
semblé ensuite que les divers jugements portés par M. Martin trou-
vaient, si j'ose ainsi parler, leur justification dans l'ensemble de ses
idées, dans la nature du sentiment qui le domine, enfin, dans ce
qu'on appelle, en italien, la *prima intenzione*. Sitôt qu'on les par-
tage et qu'on s'en pénètre, on reconnaît avec lui que le pouvoir religieux et le pouvoir politique, surtout aux jours de crise, sont tenus
d'agir avec plus de probité que leurs frénétiques adversaires, de ré-
véler, par la noblesse de leur conduite, l'investiture de leur double
sacerdoce ; qu'ils ne descendent jamais à l'allure et au rôle des partis sans être plus coupables qu'eux, puisque l'éducation morale de

ces derniers les regarde ; qu'ils doivent luire, comme des phares vivants d'honneur et de vertu, au milieu du naufrage des révolutions ; qu'en cela consistent leur plus beau prestige, même leur meilleur calcul, et la considération réelle des peuples. Dites que ce programme n'est pas facile à remplir, à la bonne heure ; dites qu'à raison de telles difficultés, tels personnages furent excusables d'en avoir supprimé une partie, j'y consens ; ce sont là des considérations particulières auxquelles la sympathie de celui qui s'y livre prend toujours part. Mais, placé à un point de vue plus utile et plus élevé, notre inflexible historien a raison de poser en principe que le bonheur de la société dépend de la loyauté, de l'énergie que la puissance religieuse et la puissance politique mettent à l'accomplissement de leurs devoirs sacrés ; il a raison de signaler l'oubli de ces devoirs comme la cause première de leurs erreurs, de leurs infortunes et du malheur des peuples. Aussi, le sent-on heureux de pouvoir, dans son second volume, donner à la figure de Pie VII luttant sans armes, à Fontainebleau, contre le monarque tout puissant, plus de grandeur encore que M. de Maistre n'en a donnée à celle même de Grégoire VII voyant à ses pieds le superbe empereur Henri IV, au château de Canossa !

L'impartialité a été, pour Martin (de Gray), comme une seconde religion. Il en a poussé le culte jusqu'au dévouement. Si, moins respectueux envers le public et la postérité, il eût dissimulé ou exagéré dans un sens ou dans un autre, il se fût attiré, comme a dit M. Weiss, les faveurs du pouvoir ou les ovations des partis. Un peu moins de bonne foi, et il avait une célébrité soudaine. De même, un style prétentieux, un style à effet, eût souri à certains libraires toujours empressés de *monter*, comme ils disent, de *chauffer* et d'*escompter* un succès de quelques jours. Moins de pureté dans son style, et il réalisait une heureuse spéculation.

Il a travaillé en vue d'un plus haut prix. Voulez-vous savoir lequel ? Il va nous l'apprendre : « J'ai toujours trouvé ma récompense dans mon cœur (1). » Eh ! quelle autre pourrait s'élever jusqu'à lui ! Il en a cependant trouvé une autre ; c'est cette force de méditation qui semble croître avec les années, privilége des organisations vouées dès l'enfance au culte du vrai et du beau. Et puis, c'est l'estime profonde des hommes distingués dont il reçoit chaque

____

(1) *Discours sur l'art de traduire.*

jour des lettres touchantes qui, inspirées par son livre, formeront
le plus beau titre d'honneur qu'il pût léguer à sa famille, — digne
précurseur d'une juste célébrité dans la littérature historique de
notre époque.

La moralité dans les enseignements devait être le fruit d'un tel
ouvrage. Tantôt l'art de notre historien fait proclamer, par la voix
des événements, les leçons qui importent à notre instruction ; tantôt, au milieu des récits, elles jaillissent avec un éclat, une netteté
qui les fixent pour toujours dans notre mémoire. Toutes sont fon-
damentales, et on ne saurait contester leur efficacité relativement
au bonheur de l'homme et de la société. Quelques-unes, surtout,
me paraissent dignes d'être méditées ; je voudrais pouvoir les extraire. Malheureusement il y a des fleurs qui perdent leur fraîcheur
et leur beauté sitôt qu'on les arrache à leur terre natale et au
rayon qui les fit éclore. Il faut lire les considérations philosophiques
de M. Martin au sein même des faits qui les motivèrent, là où la
force de sa pensée les a fait naître. Pourtant, c'est l'apanage de
certains esprits que le mérite intrinsèque de leurs pensées nous
saisisse, sous quelque forme qu'elles se produisent. Je vais essayer
de recueillir la substance de quelques réflexions qui, dans l'*Histoire
de Napoléon*, sont éparses, développées ou en germe.

Les prétentions exagérées des partis fraient la route à l'usurpa-
tion et à la souveraineté d'un seul.

Le pouvoir ne doit point créer une nation sur le modèle du ca-
ractère de celui qui l'exerce, mais doit le plus souvent se plier au
génie de la nation qu'il gouverne.

Malheur au peuple qui se laisse éblouir par le triomphe de la
force matérielle ! La gloire militaire n'est point le but de l'activité
des peuples, et la passion de ce genre de gloire n'a guère moins de
danger que la manie d'une excessive liberté.

Une amélioration dans les mœurs est préférable à une brillante
conquête, à une réforme habile, à une invention de l'industrie. La
première seule donne le bonheur.

Le monde social n'est point un assemblage de forces matérielles
créées seulement pour la satisfaction des sens et celle de la vanité ;
mais il repose sur une idée divine. L'homme et la société sont des-
tinés à poursuivre, au travers des efforts et des essais successifs, le
triomphe de la justice et de la vérité.

Spéculer, pour gouverner, sur les éléments corruptibles du cœur humain, c'est creuser un gouffre dans lequel on entraîne la nation et soi-même.

Nous regrettons de n'avoir pas trouvé dans l'*Histoire de Napoléon* quelques aperçus relatifs aux principales questions d'économie politique, par exemple sur ces utiles institutions qu'on appelle Banques. L'occasion s'en présentait lors de la création de la Banque de France. Ce sujet n'a pas encore le don d'exciter l'intérêt général dans notre pays ; mais qu'on pardonne ce regret à l'auteur d'un livre oublié sur cette matière, et qui avait, du moins, le mérite d'offrir pour épigraphe ces paroles de Napoléon, dont, malheureusement, l'exactitude reste entière : «La France manque d'hommes qui sachent ce que c'est qu'une Banque ; c'est une race d'hommes à créer. »

J'aurais lu aussi avec plaisir quelques réflexions de M. Martin sur les sciences, l'industrie, le commerce international, car ce sont là les réformateurs les plus puissants, les plus infatigables ; leur action est incessante sous tous les gouvernements, et, comme le pressentait Napoléon lui-même, le pouvoir de la science est appelé à modifier singulièrement la science du pouvoir. Enfin, nous aurions été charmés que l'auteur eût donné plus de développement à ses idées sur le principe religieux, sans lequel les deux sciences que je viens de nommer n'ont qu'un vain prestige et ne peuvent créer rien de durable, quel que soit le génie dont elles disposent. A la vérité, il est facile de deviner ce qu'eût pensé M. Martin sur ces divers sujets. Il y a même, çà et là, dans le cours de son ouvrage, comme des échappées de vue à la fois sur les matières économiques et sur les plus hautes questions. La vive lumière qu'il répand sur la région intermédiaire où il s'est placé, et qui est celle de la moyenne des lecteurs, projette aussi quelques-uns de ses rayons, mais trop rares pour notre jouissance, aux deux extrémités de la sphère.

Le génie, a dit Buffon, c'est la patience. Oui, quelque tâche qu'il étreigne avec un courage persévérant, jaloux de sonder l'abîme des cieux ou d'extraire l'aluminium de l'argile, l'esprit humain est admirable. Mais n'a-t-il pas conquis le premier droit à notre vénération, l'homme fort qui, soit dans l'ardeur de la jeunesse, soit au milieu de cruelles infirmités, s'est voué à des investigations qui ont notre dignité morale pour objet ? Cependant, puisque les journalistes décernent, de nos jours, des louanges outrées à des œuvres hâtivement écloses d'une serre chaude, je renonce à dire tout le bien que je pense de l'*Histoire de Napoléon*. Je serais plutôt tenté de recourir, à l'égard de l'auteur, aux formules que les prêtres de l'Egypte employaient pour louer les bons rois après leur mort, en proclamant la liste des crimes qu'ils n'avaient point commis. Je dirais alors : « Il n'a pas écrit une seule ligne contre sa conscience ; — il n'a point flatté les passions du jour ; — il n'a point perverti le jugement de son public ; — il n'a déguisé ni le bien ni le mal... » Je m'arrête ; ce genre d'éloges paraîtrait une diatribe à l'adresse de quelques prétendus historiens de notre temps. Je préfère dire tout simplement : L'ouvrage de Martin (de Gray) réunit trois sortes de mérite, qui ont droit d'être appelés trois vertus : labeur immense, religieuse impartialité, moralité dans ses enseignements. A une époque où tant de livres sont écrits sans souci des principes, c'est une bonne fortune pour le lecteur de se voir, dans cette véridique histoire, partout respecté, et d'être conduit par le charme irrésistible des tableaux à des sentiments qui honorent l'espèce humaine.

Et maintenant, je ne puis quitter la plume sans dire combien je suis heureux moi-même d'avoir rempli mon devoir de lecteur reconnaissant envers l'écrivain qui a rempli si largement les siens envers sa patrie, son siècle et la postérité !

Louis DE NOIRON.

(Extrait de l'*Union franc-comtoise*.)

Besançon, impr. Jacquin.

www.ingramcontent.com/pod-product-compliance
Lightning Source LLC
Chambersburg PA
CBHW051306050726
47595CB00008B/3429